# BUREAU
## DU
# TOURISME DE HUÉ

# VOYAGES ET TOURISME
## EN ANNAM

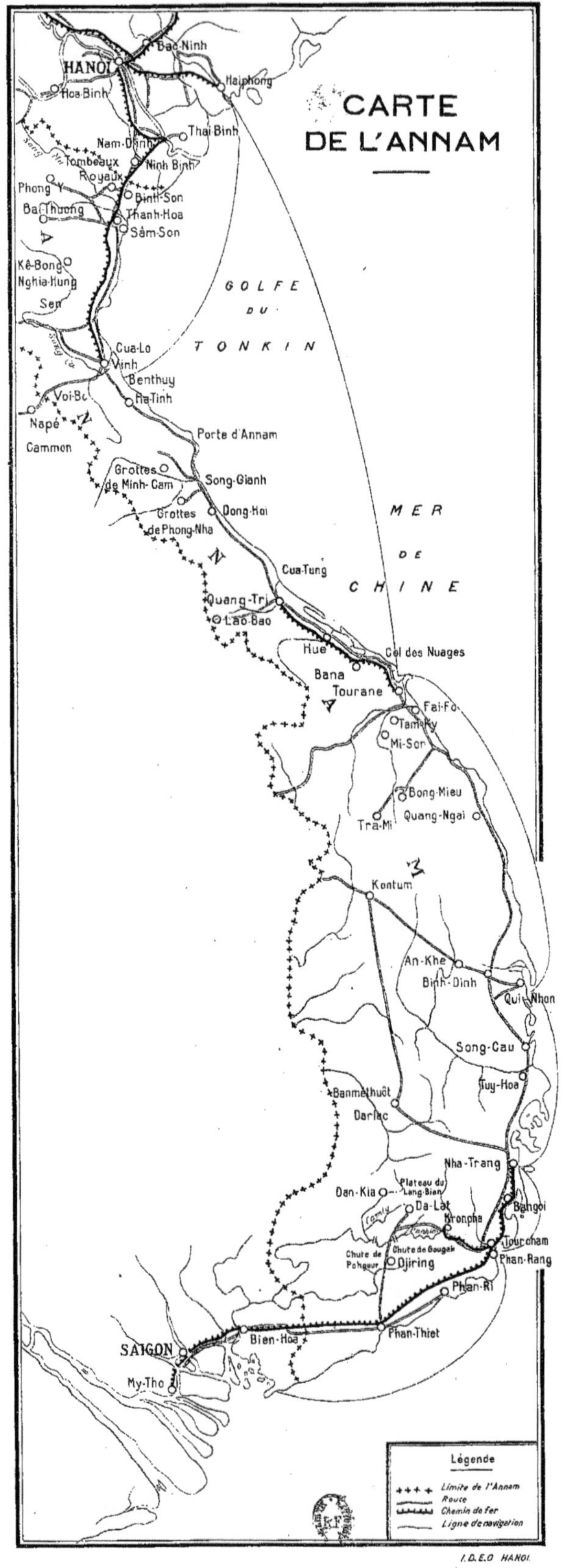

CARTE DE L'ANNAM
Bac-Ninh
HANOI
Hoa-Binh
Haiphong
Thai-Binh
Nam-Dinh
Tombeaux Royaux
Ninh-Binh
Phong-Y
Binh-Son
Ba-Thuong
Thanh-Hoa
Sam-Son
Kê-Bong
Nghia-Hung
Sen
GOLFE DU TONKIN
Cua-Lo
Vinh
Benthuy
Voi-Bc
Ha-Tinh
Napé
Cammon
Porte d'Annam
Grottes de Minh-Cam
Song-Gianh
MER DE CHINE
Grottes de Phong-Nha
Dong-Hoi
Cua-Tung
Quang-Tri
Lao-Bao
Hue
Col des Nuages
Bana
Tourane
Fai-Fo
Tam-Ky
Mi-Son
Bong-Mieu
Tra-Mi
Quang-Ngai
Kontum
An-Khe
Binh-Dinh
Qui-Nhon
Song-Cau
Tuy-Hoa
Banmethuot
Darlac
Nha-Trang
Plateau du Lang-Bian
Dan-Kia
Da-Lat
Bronpha
Bahgoi
Chute de Pohgeur
Chute de Gougah
Tourcham
Djiring
Phan-Rang
Phan-Ri
Bien-Hoa
Phan-Thiet
SAIGON
My-Tho
Légende
Limite de l'Annam
Route
Chemin de fer
Ligne de navigation
I.D.E.O HANOI

# TOURISTES VOYAGEURS

**P**renez tous les renseignements dont vous avez besoin au cours de vos voyages, au

# BUREAU DU TOURISME
## A HUÉ

*(Bureau officiel du Tourisme en Annam)*

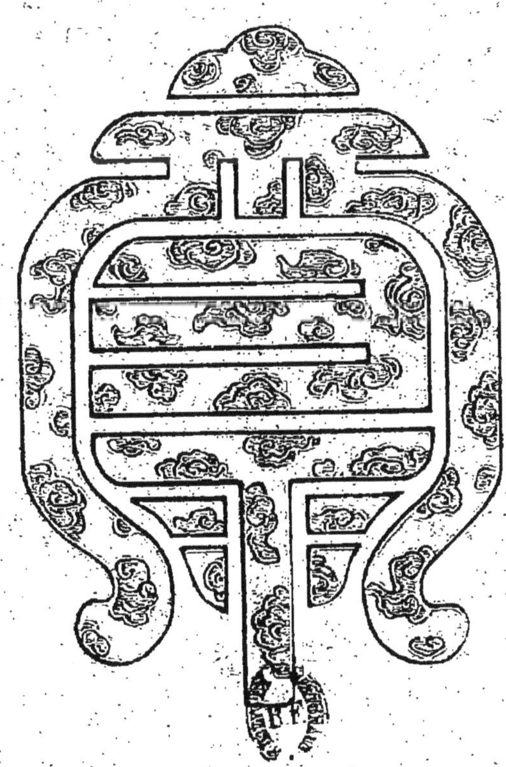

# NOTICE
# TOURISTIQUE
## SUR
# L'ANNAM

MCMXXVI

Dans les Jardins du Tombeau de l'Empereur Tu-Duc : Le Pavillon des Bains.

# NOTICE TOURISTIQUE
# SUR L'ANNAM

L'INDOCHINE, située sur le trajet de deux grands courants touristiques mondiaux: courant de l'Europe par l'Inde et Java, courant des États-Unis d'Amérique par la Chine, le Japon et les Philippines, est de jour en jour plus visitée par les amateurs de grand tourisme.

De Saigon, point de relai nécessaire au croisement de ces deux grands courants, le

Une échappée sur la Rivière des Parfums.

touriste gagne aisément l'*Annam* (1), centre de
l'Asie Française, qui lui offre à profusion
des richesses historiques, des monuments impo-
sants, des sites merveilleux, de rares sensations
d'exotisme.

Du Nord au Sud, tant dans les montagnes
que sur les plaines et au bord de la mer, la
route et le rail permettent aux voyageurs
d'admirer au passage des panoramas sans cesse renouvelés, des
vestiges d'anciennes civilisa-
tions, des cultures et des industries, des plus archaïques
aux plus modernes.

*Hué*, la « Merveilleuse
Capitale » de ce pays, dont

---

(1) Les terrains de chasse du Langbian
sont à moins d'une journée de Saigon.
Le Centre Annam, avec les Grottes de
Marbre de Tourane et les Tombeaux des
Empereurs à Hué, ne se trouve qu'à 2
jours de mer ou 3 jours de voyage par
terre. De Hué le Touriste gagne facilement le Tonkin en 2 jours de bateau ou
d'auto et de voie ferrée.

l'emprise émouvante ne tarde pas à se faire sentir sur ceux qui y séjournent quelque peu, résume tout le vieil *Annam* légendaire, rituel et superstitieux, dans les beautés de tout premier ordre que présentent les Palais de ses Empereurs et leurs Tombeaux, en des paysages délicats et grandioses.

Ses Musées où sont rassemblées les œuvres d'art de la vie sociale, rituelle et politique du Dai-Nam, offrent aux archéologues, aux artistes, les manifestations de l'art annamite les plus captivantes par leur cachet, leur richesse et leur grâce exotique.

Un admirable réseau routier favorise, en *Annam*, les longues randonnées automobiles. Enfin, des Hôtels et des Bungalow réalisent les conditions de confort nécessaires sous les tropiques, permettant aujourd'hui aux grandes Agences internationales de Tourisme, de diriger les visiteurs vers ce pays aux multiples attraits.

C'est pour mettre l'*Annam* à la portée de la curiosité de ceux qui voyagent que cette courte notice a été rédigée.

# SITUATION ET ASPECT GÉNÉRAL DE L'ANNAM



Enclavé entre la Chaîne Annamitique d'une part et la Mer de Chine de l'autre, l'*Annam* s'étend le long des côtes indochinoises, figurant une immense lettre S dont le sommet serait au Tonkin et la base en Cochinchine.

Les aspects de ce pays sont très divers : à l'Ouest, des montagnes se succédant à perte de vue ; à l'Est, le littoral tantôt bas et sablonneux, tantôt découpé de lagunes et de baies.

Entre la montagne et la côte, des plaines plus ou moins vastes s'étendent, sillonnées de nombreux cours d'eau. Ces plaines sont divisées par les contreforts de la Chaîne Annamitique en plusieurs compartiments ne pouvant communiquer entre eux que par des cols assez élevés.

Dans ce Pavillon une stèle de granit perpétue le souvenir des grandes actions de l'Empereur Minh-Mang.

# LE CLIMAT DE L'ANNAM

Il y a en *Annam* trois saisons très distinctes :

1° - de Septembre à Décembre, la saison des grandes pluies;
2° - de Décembre à Mars, la saison de "crachin" ou pluie fine;
3° - d'Avril à Septembre, la saison sèche.

L'époque la plus favorable pour entreprendre un voyage en *Annam*, en jouissant d'une température moyenne, peut être située du courant de Février au début de Juin.

●

# LES CURIOSITÉS
# DE L'ANNAM

Le touriste qui parcourt l'*Annam*, peut y trouver des sites naturels incomparables par leur beauté rare et leur diversité, des monuments qui s'imposent à l'admiration de l'artiste et du savant par leur architecture originale, une population qui a conservé encore intacts des usages archaïques, des coutumes pittoresques, des industries et des arts des plus primitifs aux plus raffinés.

Quelques beaux spécimens de l'art annamite, conservés au Musée Khai-Dinh.

# PRINCIPALES
# EXCURSIONS À EFFECTUER
# EN ANNAM

## du Sud au Nord

*(Accès en automobile sauf exceptions indiquées ci-dessous.)*

A PHANTHIÊT. — Station balnéaire jouissant d'un climat très doux et bénéficiant d'une brise continuelle ; belle plage de sable.

A PHANRANG. — Tout autour de cette ville sont dispersées d'importantes ruines chames (Tours chames de Po-Romé et Po-Klaung-Garai).

AU LANG-BIAN. — Au centre du Lang-Bian, vaste plateau situé à 1500 m. au-dessus

du niveau de la mer, s'élève la station
d'altitude de Dalat. Cette ville est le rendez-
vous de la population européenne d'Indochine
qui vient y chercher le repos et la santé.
Son climat doux et modéré, le confort moderne
de ses hôtels et de ses villas, la renommée
de ses chasses aux grands fauves et de ses sites
étranges, appellent Dalat à rivaliser sous très
peu avec les stations univer-
sellement réputées de Baguio
aux Philippines, de Simla et
Darjeeling dans l'Inde.

EXCURSIONS — Des routes
circulaires permettent de se
rendre aux points les plus pittoresques tout proches de Dalat.
L'une d'elles conduit à Djiring
(78 km. de Dalat), siège d'une
Délégation administrative, pos-
sédant un Bungalow très confor-
table. Le touriste et le chasseur
peuvent séjourner quelques jours
à Djiring et faire dans la région,

de merveilleuses chasses ou des excursions magnifiques.

CASCADES. — Le Camly (rivière de Dalat)  forme la plus rapprochée, puis vient ensuite la cascade de Prën, à 11 km. environ de Dalat, sur la route de Djiring. Un petit ruisseau qui tombe de plus de 30 mètres de haut, dans un site remarquable, forme à 7 km. de Djiring la cascade de Bobla.

CHUTES. — Le Donnai forme à 5 km. de la florissante station de Dan-kia (14 km. de Dalat) la chute d'Ankroët au milieu d'une gorge sauvage. (La station de Dankia fournit à Dalat du bétail, vaches et moutons des meilleures races, des légumes frais, du lait, du beurre et du fromage).

Les chutes du Danhim, affluent gauche du Donnai, à Pongour, à Liên-Khan et à Gougah, sont d'un intérêt incom-parable. Un abri touristique

Bassins et Portique devant le Temple de la Tablette au Tombeau de l'Empereur Thiêu-Tri.

existe à Gougah et permet
aux excursionnistes de
camper facilement tout
près de cette chute grandiose et
émouvante. A Pongour, par cinq
couloirs, les eaux du Danhim
franchissent un barrage de roches
volcaniques en se précipitant
d'au moins une soixantaine de
mètres de hauteur.

LES PICS. — L'ascension des
pics du Langbian, d'accès relativement facile,
permet de découvrir des panoramas superbes.

LE DARLAC. — En partant de Dankia et
en traversant le dernier éperon du Langbian,
on entre au Darlac (corruption du nom moï
du lac de Tak Lak). Pour atteindre Mébach
au bord du lac Tak Lak, il faut compter 3 jours
de voyage en suivant un sentier peu fréquenté
et hérissé de précipices. Ce sentier traverse les
régions des tribus Lat et Radé.

Le lac Tak Lak (3 km. sur 2 environ)
encadré de montagnes abruptes, est situé dans

un cadre admirable. Toute cette région est naturellement aussi riche en espèces de gibier que le Langbian, mais le pays est plus difficile à parcourir.

A NHATRANG. — Aux environs de cette ville s'élève l'ensemble des monuments constituant le sanctuaire cham de Po-Nagar. A 19 km. de Nhatrang : Plantations de l'Institut Pasteur.

A BANMÉTHUOT. — Sur la route de Phanrang à Nhatrang, à 33 km. avant d'arriver à cette dernière ville, se détache la route qui conduit à Banméthuot, chef-lieu de la province du Darlac (voir ci-dessus). Près de Banméthuot, Ban-Don est le marché le plus important de l'Indochine pour les éléphants.

A QUINHON. — Aux environs de cette ville subsistent de nombreux monuments chams.

A KONTUM. — De Quinhon, il est facile de se rendre

par une route de 217 km. à Kontum; sites
magnifiques, col d'Ankhé et col du Mangiang,
région des tribus sauvages (Bahnars, Sédangs,
Rongaos, etc...)

À QUANG - NGAI — Citadelle; Norias
énormes, pour l'irrigation des rizières.

À TOURANE. — Musée cham renfermant
de nombreuses sculptures qui constituent un
ensemble unique de pièces représentatives de
l'art ancien du pays. — Col des Nuages
(30 km. sur la route mandarine entre Tourane
et Hué); panorama grandiose; montagnes de
Marbre qui se dressent face à
Tourane, de l'autre côté de la
rivière. Ces montagnes sont
creusées de grottes dans la plupart desquelles des pagodes ont
été établies (Accès en chaloupe
et sampan, 5 km.); *Bana,*
station d'altitude à 42 km. de
Tourane (accès en automobile
et en chaise à porteurs); *Faifo,*
gros centre commercial chinois,

(Le soleil se couche sur la Rivière des Parfums. (Dans le fond se silhouette l'enceinte de la Ville Impériale

à 32 km. de Tourane ; pagodes chinoises avec intéressantes sculptures sur bois ; curieux pont japonais, seul vestige de l'importante colonie 21 japonaise qui existait autrefois à Faifo ; *Mi-Son*, groupe de monuments caractéristiques de l'archéologie religieuse de l'*Annam* (accès en auto, 50 km. de Tourane, puis en pousse ou en sampan et enfin à pied ou à cheval, 14 km). Le gigantesque ensemble du sanctuaire de Mi-Son peut être considéré comme l'Angkor de l'Annam ; *Dông-Duong*, ruines d'un énorme temple cham, à 51 km. de Tourane ; *Bông-Mieu*, mine d'or dans une région très pittoresque, à 98 km. de Tourane.

A Hué. — La ville est située à 12 km. de la mer sur la Rivière des Parfums ; environs d'une grande beauté (nombreuses routes circulaires plantées de pins) ; faubourgs commerçants de Hué

Vases ornementaux dans la cour du Pavillon de culte du Tombeau de l'Empereur Thiêu-Tri.

très pittoresques : Gia-hôi et Dông-ba; pagode de Confucius, temple des Lettres, etc... (5 ou 6 km.); l'Ecran du Roi, tertre du Sacrifice au Ciel, pagodes Bao-quôc, Quôc-ân; Citadelle : Cavalier du Roi, Ministères, tertre du Sacrifice au Génie du Sol; Canons-génies; école Quôc-Tu-Giam; Musée Khai-Dinh où sont réunis les plus beaux spécimens de l'art annamite (meubles anciens, porcelaines, émaux, laques, bronzes, broderies, dessins, peintures, sculptures, incrustations, bijoux, etc...); Palais du Comât, Musée Économique; Concession, souvenirs de 1885; Canal impérial; Palais royal; Porte Ngo-Môn; Palais Thai-Hoa (des grandes audiences, laque et or); Porte Dorée; Palais Cân-Chanh (laque et or, porcelaines de prix, collections de jades, d'émaux, de bronzes, de bijoux, de monnaies); temples ancestraux; urnes dynastiques, etc., etc.; Tombeaux royaux : de

Thiêu-Tri (à 7 km.), de Tu-Duc (7 km.), de Dông-Khanh (à côté du précédent), de Minh-Mang (11 km.), de Gia-Long 16 km.), paysages d'une impressionnante beauté.

A QUANG-TRI. — Ruines chames dans les environs; Station balnéaire de Cua-Tung (45 km. de Quang-Tri).

A DONG-HOI. — Ateliers de sculpture sur bois (industrie locale); aux environs, curieuses grottes de Minh-Cam et de Phong Nha.

DANS LA PROVINCE DE HATINH : route de Napé, voie de pénétration du Laos (120 km. environ); sites magnifiques; Col de la Porte d'Annam (sur la Route Mandarine, entre Hatinh et Donghoi); Panorama grandiose.

A VINH. — Citadelle; port de Bênthuy; plage de Cua-Lo; Excursion à Kê-Bon, en pleine forêt vierge (160 km.)

De Vinh, partent deux grandes routes de pénétration au Laos: celle de Trân-Ninh (Cua-Rao, plateau Meo, Xieng-Khouang, Louang-Prabang) et celle de Napé (120 km. de Vinh sur le plateau de Cammon à une altitude de 600 m., climat tempéré).

L'intérêt touristique que présentent ces deux voies est considérable, l'une et l'autre traversant des sites splendides sur la partie de leur parcours qui escalade la Chaîne Annamitique.

DANS LA PROVINCE DE THANH-HOA. Citadelle ; Ateliers de poteries ; Carrières de Lang-Nhôi (2 km., sculptures sur pierre); Tombeaux et temples royaux de Triêu-Tuong, ancêtres de la famille royale (45 km.), à proximité se trouve la pagode des Poissons sacrés de Pho-Cat, dans un site très pittoresque; Citadelle des Hô dont on voit encore aujourd'hui les remparts, vestiges datant de 1397 (38 km.); Promenades à Bai-Thuong (55 km.), à Phong-Y (65 km.) et à Hôi-Xuân (118 km.), sites de forêts et de montagnes.

Les neuf Urnes dynastiques dans la cour du Temple Thé-Miêu et le Pavillon Hiên-Lâm-Cac.

# LA CHASSE EN ANNAM



L'ANNAM est un pays de chasse par excellence. On y trouve toutes les espèces de gibier, grand et petit : tigres, éléphants, bœufs sauvages, cerfs, sangliers, etc.... ; paons, faisans, coqs sauvages, perdrix, pigeons ramiers ; à la saison des pluies, oies, canards, sarcelles, bécassines, etc.

La plupart des villes et des chefs-lieux des provinces de l'*Annam* étant situés à proximité de terrains de chasse aisément accessibles, il suffit en général au chasseur qui se trouve dans l'un de ces centres, d'effectuer un déplacement de 2 ou 3 heures au plus de marche, ou d'une nuit de sampan, pour pouvoir atteindre soit la forêt, soit la grande brousse, abondantes en gibier à poils et à plumes.

# LES MOYENS
# DE COMMUNICATION
# EN ANNAM

L'ANNAM, baigné dans toute sa longueur par la Mer de Chine, est parcouru en tous sens par un réseau admirable de routes et de sentiers. Le touriste qui veut visiter ce pays peut donc utiliser à son gré soit la voie maritime, soit les services administratifs de transport, soit certains services spéciaux d'automobiles.

VOIE MARITIME. — Les côtes de l'*Annam* sont desservies par les Messageries Maritimes. Les grands paquebots touchent toujours Saigon et, suivant les voyages, Tourane et Haiphong. Les bateaux des lignes annexes desservant Singapour, Saigon et Haiphong, font escale de façon régulière en *Annam*, à Camranh, Banghoi (Nhatrang), Quinhon et Tourane.

SERVICES ADMINISTRATIFS DE TRANSPORT. Ils sont assurés par des chemins de fer exploités par la Colonie et par des services subventionnés d'automobiles. En allant du Sud au Nord, on trouve successivement les lignes suivantes :

Chemin de fer de Saigon à Nhatrang ;

Chemin de fer de Saigon à Kronpha et service de correspondance en auto et auto-camion de Kronpha à Dalat ;

Service automobile "Staca" de Nhatrang à Tourane ;

Chemin de fer de Tourane à Dongha ;

Service automobile "Pham-Van-Phi" de Dongha à Vinh ;

Chemin de fer de Vinh à Hanoi.

AUTOMOBILES DE LOCATION. — Dans toutes les villes un peu importantes de l'*Annam*, il existe des entreprises privées, soit euro-péennes, soit annamites, faisant la location d'automobiles aux personnes qui désirent voyager à leur gré.

# HÔTELS ET BUNGALOWS
## DE L'ANNAM



L'Administration française a fait de gros efforts pour développer en Annam l'industrie hôtelière, et là où l'initiative privée a fait défaut, elle n'a pas hésité à s'y substituer en édifiant de confortables Hôtels et Bungalow.

Les principaux Hôtels et Bungalow existant en Annam sont, du Sud au Nord :

| | |
|---|---|
| Phan-Thiet .. .. .. | 1 Hôtel. |
| Tourcham .. .. .. | 1 Hôtel. |
| Dalat .. .. .. .. .. | 2 Hôtels : |

LANGBIAN PALACE, édifié par l'Administration et doté de tout le confort désirable ;
GRAND HÔTEL DE DALAT.

| | |
|---|---|
| Djiring .. .. .. .. | 1 Bungalow. |
| Nha-Trang .. .. | 1 Hôtel. |
| Banméthuot .. .. .. | Maison des passagers. |
| Tuy-Hoa .. .. .. .. | 1 Bungalow aménagé par l'Administration. |
| Qui-Nhon .. .. .. | 1 Hôtel. |
| Quang-Ngai .. .. .. | 1 Bungalow aménagé par l'Administration. |
| Tourane .. .. .. | Hôtel MORIN FRÈRES. |
| Bana .. .. .. .. | Hôtel MORIN FRÈRES. |
| Hué .. .. .. .. .. | Hôtel MORIN FRÈRES et Hôtel de la GARE. |
| Quang-Tri .. .. .. | 1 Petit Hôtel tenu par un Annamite. |
| Plage de Cua-Tung .. | Hôtel FAJOLLES |
| Dong-Hoi .. .. .. | 1 Bungalow aménagé par l'Administration. |
| Ha-Tinh .. .. .. | 1 Petit Hôtel tenu par un Chinois. |
| Vinh .. .. .. .. | 2 Hôtels européens. |
| Plage de Sam-Son .. | 1 Hôtel. |
| Thanh-Hoa .. .. .. | 1 Hôtel. |

# TABLE

●

ACHEVÉ D'IMPRIMER SUR LES
PRESSES DE L'IMPRIMERIE
D'EXTRÊME - ORIENT, HANOI,
LE VINGT CINQ JANVIER
MIL NEUF CENT VINGT-SIX

DESSINS EXTRAITS DU
"BULLETIN DES AMIS DU
VIEUX HUÉ"

PHOTOGRAPHIES DU BUREAU
OFFICIEL DU TOURISME
DE HUÉ

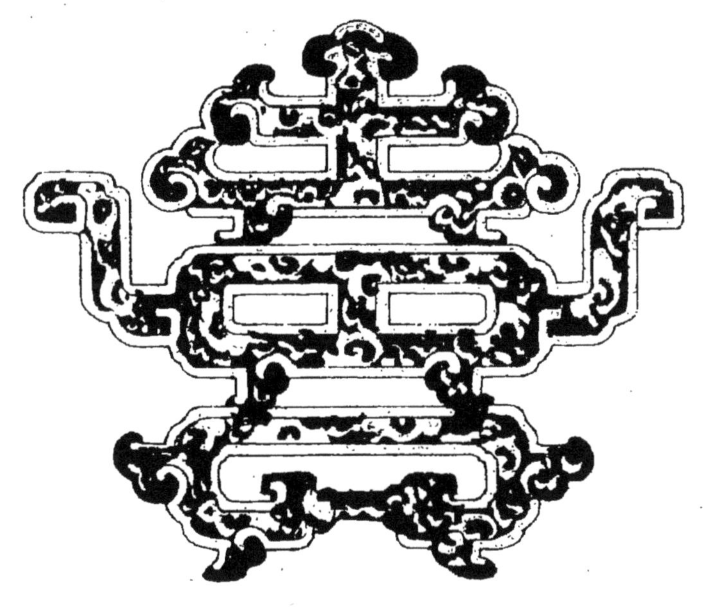

# TOURISTES VOYAGEURS

**P**renez tous les renseignements dont vous avez besoin au cours de vos voyages, au

## BUREAU DU TOURISME
### A HUÉ

*(Bureau officiel du Tourisme en Annam)*

www.ingramcontent.com/pod-product-compliance
Ingram Content Group UK Ltd.
Pitfield, Milton Keynes, MK11 3LW, UK
UKHW020125080726
13614UKWH00005B/2038